I0060535

Nachhaltigkeit ist für Jeden

Alan AtKisson

Eine Publikation des Center for Sustainability Transformation

Nachhaltigkeit ist für Jeden

Erste Auflage 2013 - EPUB Digital Edition

Eine Publikation der ISIS Academy
www.ISISAcademy.com

Copyright Inhalt © 2013 Alan AtKisson

Copyright Übersetzung © 2014 BMLFUW
Translated by Katrin Lepuschitz, André Martinuzzi

Druck und Übersetzung BMLFUW

ISBN: 978-0-9911022-4-2

WIDMUNG

In Erinnerung an Donella Meadows,

Ich hatte das große Glück

mit ihr befreundet gewesen zu sein

INHALT

Bevor wir beginnen ...

Stellen Sie sich vor, Sie haben einen Freund aus Ihrer Kindheit, mit dem Sie den Kontakt bis in Ihr Erwachsenenleben gehalten haben. Sie standen sich immer sehr nahe, also machten Sie sich Sorgen, als er zu rauchen begann. Später bemerkten Sie, dass Ihr Freund immer mehr rauchte und zusätzlich noch mehr Alkohol trank. Dann entwickelte Ihr Freund noch einen Hang fürs Spielen. Über die Jahre konnten Sie beobachten, wie sich die Lebensweise Ihres Freundes verschlechterte. So kann es nicht mehr weiter gehen: entweder seine Gesundheit, seine finanzielle Lage oder sein Familienleben erreicht seine Belastbarkeitsgrenzen und die Folgen wären verheerend. Also wollen Sie einschreiten. Sie wollen Ihrem Freund dabei helfen, wieder auf den richtigen Weg zu kommen, um ein gesünderes, glücklicheres und ausgeglichenes Leben zu führen.

In anderen Worten, Sie wünschen sich, dass das Leben Ihres Freundes nachhaltiger wird.

Genau das ist es, was Nachhaltigkeit grundlegend bedeutet– eine Lebensweise – für einzelne Menschen, Familien, Gemeinschaften, Unternehmen, Länder, sogar für unsere ganze Zivilisation – die nicht zum Scheitern verurteilt ist. Eine Lebensweise, in der unsere Wünsche und Ziele als Menschen und die Bedürfnisse der Natur nach Sorgfalt und Ausgleich nicht in Konflikt zueinander stehen. Eine Lebensweise, in der unsere Ressourcen gut verwaltet und die großen, augenscheinlichen Risiken vermieden werden. Eine Lebensweise, die über Generationen Bestand hat und jedem Einzelnen die Möglichkeit bietet, ein gutes Leben auf dieser Erde zu führen und gleichzeitig zum Wohle aller beizutragen.

Im Großen und Ganzen ist genau das die Vision von Nachhaltigkeit. Menschen, die für Nachhaltigkeit arbeiten – egal ob sie Experten in diesem Bereich sind, oder sich dafür einsetzen, Dinge besser zu machen – ganz unabhängig von ihrem Beruf – fühlen sich meist so wie die oben beschriebene Person, die einem/r Freund/in dabei helfen will, ein besseres Leben zu führen. Weil es einfach undenkbar wäre, gefährlichen Entwicklungen ihren Lauf zu lassen, ohne dabei einzuschreiten.

Wenn Sie genauso oder nur ein kleines Bisschen so denken und fühlen, dann ist dieses Buch genau richtig für Sie.

Über dieses Buch

Der Zweck dieses Buches ist zu inspirieren.

Ich habe die letzten 25 Jahre beruflich im Bereich Nachhaltigkeit gearbeitet. Das ist eine lange Zeit, und ich habe in dieser Zeit durchaus hart daran gearbeitet, um die Vision und die Umsetzung von Nachhaltigkeit voranzutreiben. Ich hielt hunderte Vorträge, Präsentationen und Workshops in 44 Ländern, erschuf Instrumente und Methoden um Nachhaltigkeit bekannt zu machen (Methoden, die sich sogar selbstständig in vielen Ländern verbreitet haben); ich habe hunderte Nachhaltigkeitsexperten/innen und „Change Agents"[1] gecoacht (um ihnen dabei zu helfen, Nachhaltigkeit umzusetzen und zu verbreiten); ich habe Bücher und Artikel publiziert; und als Berater für große Unternehmen, Regierungen, Städte, NGOs und die Vereinten Nationen gearbeitet. Ich habe sogar Lieder über Nachhaltigkeit geschrieben.

Im Jahr 2013 wurde ich von der „International Society of Sustainability Professionals (ISSP)" (Internationale Gesellschaft von Nachhaltigkeitsexperten) in die „Sustainability Hall of Fame" ™ gewählt.[2]

Aus diesem Anlass schrieb ich dieses Buch – weil mich die Organisatoren der Veranstaltung darum baten, "einige Weisheiten" aus meinen Erfahrungen zu teilen. In Wirklichkeit ist dieses Buch ein „Essay", ein Wort das ursprünglich „Versuch" bedeutete. Zum Teil

---

[1] Unter „Change Agents" versteht man Initiatoren eines Wandels.

[2] Ich war sehr gerührt und fühlte mich geehrt, dass ich diese Auszeichnung erhalten habe. Aber ich muss schon anmerken, dass die Phrase „Sustainability Hall of Fame" fast ein Widerspruch in sich ist. Wenn jemand im Nachhaltigkeitsbereich arbeitet, ist dieser jemand sicherlich alles andere als berühmt. Jedoch gilt mein größter Dank der ISSP Jury, weil sie meinen Namen neben anderer Leute gesetzt hat, deren Arbeit und Lebenswerk mich inspiriert haben und ich nehme mit Dankbarkeit zur Kenntnis, dass ich diese Auszeichnung nie erhalten hätte, wenn ich nicht von den hervorragendsten Nachhaltigkeitsköpfen dieses Planeten betreut, gecoacht und unterstützt worden wäre. Im Besonderen spreche ich hier die Gründer/innen und Mitglieder der Balaton Gruppe an.

versuche ich, die Tatsache wettzumachen, dass ich eine solche Ehrung für gar nicht wirklich gerechtfertigt finde. Ja, ich habe hart gearbeitet, aber es gibt noch so viel mehr zu tun und andere haben härter gearbeitet. Dieses Buch soll auch ein Versuch sein, ein paar Dinge über Nachhaltigkeit – deren Vorgeschichte, Gegenwart und Zukunft – zu vermitteln. Und es ist nicht leicht, diese Dinge in einer anderen Schreibweise als dem Essay auszudrücken. Die Ich-Perspektive ermöglicht es mir, unterschiedliche Gedanken, Gefühle, Reflexionen und Ratschläge auf eine sehr persönliche Weise mitzuteilen, was perfekt dafür geeignet ist, was ich zu sagen habe.

Dieses Essay ist auch eine gute Möglichkeit, um Warnungen und Bedauern zu teilen.

Aber warum sollte ich in einem essayartigen Buch, das darauf abzielt zu inspirieren, über Warnungen und Bedauern schreiben? Weil ich einige Situationen in meinem Beruf erlebt habe, die problematisch waren und ich würde Ihnen – als erfahrene Experten im Nachhaltigkeitsbereich, oder als jemand, der dies anstrebt zu werden – gerne helfen, solche Probleme selbst zu vermeiden. Ich möchte Einblicke teilen, die mir auf meinem Weg geholfen haben, aber ich möchte auch, dass Sie aus meinen Fehlern lernen. Und genau genommen lernt man gewöhnlich aus Fehlern mehr als aus Erfolgen.

Vor allem möchte ich eine spezifische Botschaft überbringen und ich möchte Sie auffordern, mir dabei zu helfen, diese Botschaft zu verbreiten.

Hier ist die Hauptbotschaft dieses Buches:

Nachhaltigkeit ist für jeden.

Dies ist eine einfache Aussage, die aber eine tiefgehende Bedeutung hat. In den letzten Jahrzehnten war Nachhaltigkeit – und viele andere Wörter und Konzepte, die mit Nachhaltigkeit in Verbindung stehen – eine „Herzensangelegenheit" für eine relativ kleine, aber hochmotivierte Gruppe von Forscher/innen, Manager/innen,

Aktivist/innen, Lehrer/innen und Berater/innen. Und seit der Begriff „Nachhaltige Entwicklung" erstmalig 1987 von der UNO Kommission unter dem Vorsitz der damaligen norwegischen Ministerpräsidentin Gro Harlem Brundtland ins Leben gerufen wurde, zog dieses Thema immer mehr Leute an.

Wenn „alte Hasen" wie ich sich umschauen, bekommen wir ein wunderbares Gefühl, weil sich jetzt so viel mehr Menschen von uns für das Thema Nachhaltigkeit einsetzen. Denn verglichen mit damals ist die Anzahl von Personen, die sich mit Nachhaltigkeit beschäftigen, wahrlich enorm.

Nichtsdestotrotz ist die Anzahl der „Nachhaltigkeitsexperten" auch ein Problem. Nachhaltigkeit sollte nämlich nicht etwas sein, das sich von anderen Dingen abgrenzt, etwas, das nur spezielle, hoch motivierte Menschen verstehen, darüber sprechen und damit arbeiten können. Nachhaltigkeit ist kein geheimes Wissen.

Nachhaltigkeit ist für jeden.

Nachhaltigkeit bedeutet, zum Funktionieren der Welt beizutragen. Für jeden. Und das bedeutet, dass für uns die Zeit gekommen ist, diese besondere Gruppe von Nachhaltigkeitsexpert/innen zu verlassen und die wundervolle Nachhaltigkeitsflamme hinaus in die Welt zu tragen.

Und sie überall mit uns mitzunehmen.

Dieses Buch greift einige Ideen und Vorschläge auf, wie man Nachhaltigkeit allgemein zugänglicher machen kann, ohne die Bedeutung des Konzeptes abzuschwächen oder zu ändern. Das Buch ist dafür vorgesehen, einen Dialog anzukurbeln und eine Entwicklung weiter zu beschleunigen, die bereits stattfindet: Die Integration von nachhaltigem Denken und Handeln in jedem Lebensbereich.

Für diejenigen von uns, die im Nachhaltigkeitsbereich arbeiten, ist dies das ultimative Ziel. Rückblickend haben wir schon einen langen Weg hinter uns. Was den Blick in die Zukunft betrifft, haben wir noch einiges vor uns und es gibt noch viele Hindernisse, die auf diesem Weg zu bewältigen sind. Eines der größten Hindernisse ist die Tatsache, dass Nachhaltigkeit per se nicht einfach zu kommunizieren ist – und nicht jeder weiß, dass wir sie alle brauchen.

Allerdings wird immer mehr Leuten bewusst, oder sie spüren zumindest, dass Nachhaltigkeit eine gewisse Notwendigkeit ist. Die ganze Welt braucht Nachhaltigkeit, und das schnell. Hier sind also ein paar Überlegungen, wie man dieses Hindernis bewältigen kann und Nachhaltigkeit an jene Orte bringt, die sie am notwendigsten brauchen.

Wir – die Leute, die sich mit Nachhaltigkeit identifizieren – müssen aus Nachhaltigkeit etwas machen, das nicht nur für uns ist – sondern für jeden.

❖

Was Nachhaltigkeit zu einer Party beitragen kann

Wenn die Welt eine Party wäre, dann wäre Nachhaltigkeit die streberhafte Cousine, die nicht eingeladen werden würde – nicht weil sie keiner mag, sondern weil jeder denken würde, dass sie nicht hinpassen würde. Oder dass sie keine Partys mag. Oder dass sie gar nichts vom Feiern versteht.

Aber wenn jemand begreifen würde, was Nachhaltigkeit eigentlich zu bieten hat, würde sie zu jeder Party eingeladen werden, weil sie der Partyknüller wäre und einen Mehrwert zu jeder Feier beitragen könnte.

Tatsächlich soll Nachhaltigkeit nichts weniger als das Leben der Party darstellen. Schließlich könnte die Gemeinschaft ohne Nachhaltigkeit zu einem schrecklichen Alptraum werden.

Also lasst uns einen Blick auf einige Dinge werfen, die für Nachhaltigkeitsarbeit grundsätzlich sprechen. Wenn wir das machen, dann werden wir sehen, dass dies Dinge sind, die einen großen positiven Mehrwert für jede berufstätige Person, jede/n Manager/in, jedes produzierende Unternehmen, jeden Lehrer/in, jede Regierungsstelle und wem auch immer leisten können.

Wenn Leute diesen Mehrwert erkennen, den sie von den Kernpunkten der Nachhaltigkeitsarbeit abgewinnen können, wird sich die Beschäftigung mit Nachhaltigkeit auf lange Sicht automatisch ergeben.

Eine Systembetrachtung. Gerade in dieser komplexen und vernetzten Welt benötigen wir eine ganzheitliche Systembetrachtung. Die Grundlagen von Systemdenken sollen eine allgemeine Voraussetzung in unserem Bildungssystem sein. Systemdenken, im Sinne vom Verständnis von Beständen und Strömen, Rückkoppelungsschleifen, Verzögerungen, zusammen mit dem Wechselspiel zwischen den menschlichen Entscheidungen und deren Zusammenhänge von physikalischen und sozialen Ripple-Effekten[3].[4]

Der Ausdruck „Systemdenken" klingt etwas kompliziert, kann aber einfach mit Spaß verbunden werden. In Wirklichkeit gibt es viele tolle Spiele über Systemdenken, die man in der Schule, am Arbeitsplatz, zu Hause ... aber auch auf einer Party spielen kann.

---

[3] Ripple Effekt ist ein Nachlauf – bzw. Welleneffekt
[4] Tipp: Lesen Sie den Klassiker von Donella Meadow *Thinking in Systems: A Primer, Chelsea Green, 2008*. Ihre Bücher über Systeme sind die beste Literatur um sich in das Thema einzulesen.

Außerdem macht Systembetrachtung Spaß, weil sie intellektuelles Vergnügen ermöglicht.[5] Einfach nur zu fragen „Was ist die Ursache dafür?" oder „Welche Auswirkungen kann dies und jenes haben?" kann einem Türen zu unendlichen Entdeckungsmöglichkeiten und neuen Perspektiven eröffnen.

Langfristiges Denken. „Denken" ist hier kein inhaltsloser, oberflächlicher Begriff. Langfristiges Denken umfasst die Fähigkeit, Entwicklungstendenzen zu erkennen, Daten zu analysieren, Strategien zu entwerfen und Pläne für erwünschte Ergebnisse zu machen. Ein großer Applaus fürs Denken! Nachhaltigkeit bringt vieles davon auf die Tanzfläche und steigert jedermanns und Fähigkeit sich mit kniffligen Problemen aller Art auseinander zu setzen. Ein Mehrwert für alle!

Ein neuer Kompass. Nachhaltigkeit hilft vielen Menschen, sich gleichzeitig mit Umweltqualität, wirtschaftlicher Produktivität, sozialen Themen und verschiedenen Regierungsformen (Governance) sowie menschlichem Wohlergehen auseinander zu setzen. Vor einigen Jahren beeindruckte mich die Tatsache, dass diese vier Dimensionen von Nachhaltigkeit (die ursprünglich von Herman Daly identifiziert wurden) sehr passend in Form eines Kompasses dargestellt werden können: N = Natur, O = Ökonomie, S = Soziales und W = Wohlergehen. Seit der Einführung dieses Nachhaltigkeitskompasses im Jahr 1977, verbreitete er sich auf der ganzen Welt, angefangen von eingeborenen Völkern in Australien und Lateinamerika, Schulen auf den Philippinen und Thailand bis hin zu Büros von Führungskräften in Europa und den USA. Dieser Kompass sorgt überall für Gesprächsstoff! Nehmen Sie den

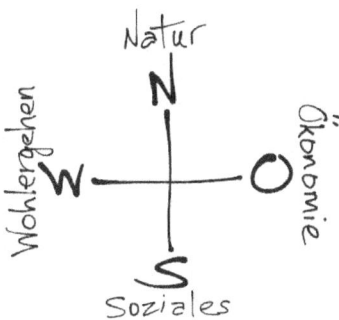

---

[5] Ich glaube, dass intellektuelles Vergnügen eine Art von Feiern ist. Sicherlich, Leute trinken und tanzen miteinander auf Partys. Aber sie reden auch. Sie verkriechen sich in Ecken und teilen sich ihre innersten Gedanken und Geheimnisse mit. Sie gehen raus, schauen in den Himmel auf die Milchstraße und sagen: „Wow!". Auch hier funktioniert die Party Metapher.

Nachhaltigkeitskompass auf die nächste Party mit oder zu Ihrem nächsten Workshop oder zur nächsten Planungssitzung.

Gespür für Bedeutung und Zweck. Ich glaube, dass viele Leute arbeiten, ohne den Sinn in ihrer Arbeit zu sehen, zu einer guten und langfristigen Sache beizutragen. Wenn ich das richtig sehe und Nachhaltigkeit wirklich für jeden ist, dann kann jeder – und nicht nur NachhaltigkeitsexpertInnen – den Sinn und die Wichtigkeit von Nachhaltigkeit teilen und das weitergeben, was das Streben nach Nachhaltigkeit im jeweiligen Beruf beitragen kann. Diese Möglichkeit, ein Gefühl der Sinnhaftigkeit zu haben, soll aber nicht so ausgelegt werden, dass es Gefühle von Abgrenzung aufgrund von elitärem Denken auslöst. Es gibt viele Wege, und sogar ziemlich einfache Wege, wie Nachhaltigkeit Sinnhaftigkeit in jedermanns Arbeit bringen kann. Angefangen von „Ich mache die Welt zu einem schöneren Ort für meine Kinder", über „Ich arbeite, um etwas, das mir sehr wichtig ist, zu beschützen", zu „Ich glaube an Gerechtigkeit und daran, dass jeder Einzelne die gleiche Chance hat, um erfolgreich im Leben zu sein". Diese Gedanken geben uns einen tieferen Lebenssinn als zum Beispiel „Ich helfe, um den Wert für unsere Aktionäre zu maximieren." Für Nachhaltigkeit zu arbeiten, gibt Menschen die Möglichkeit, solche Gedanken der Sinnhaftigkeit jeden Tag zu haben.

Ich wette mit Ihnen, dass Sie diese Liste, was Nachhaltigkeit zu einer Party (und im übertragenen Sinne zu einer Gesellschaft) beitragen kann, selbst verbessern und weiterführen können. Angefangen bei den beispielsweise offensichtlich praktischen Dingen, die ich ausgelassen habe (wie z.B. Kostenersparnisse, Risikosenkung und Innovation), bis zur Wahrnehmung des eigenen bevorzugten abstrakten globalen Konzepts. (Mein bevorzugtes neues Konzept ist der neue Name unseres Erdzeitalters, als Menschen die treibende Kraft der Veränderung der Erde wurden: „Anthropozän"[6].)

Nachhaltigkeit ist für jede/n, weil jede/r etwas Brauchbares oder

---

[6] Hier ist eine Internetseite, die das Konzept erklärt: http://www.anthropocene.info

Faszinierendes in den Bereichen Konzepte, Methoden und Praktiken finden kann, die Arbeit für Nachhaltigkeit tatsächlich ausmachen. Wenn Menschen mit diesen Konzepten, Methoden und Praktiken vertraut werden und anfangen sie zu nutzen, dann werden sie höchstwahrscheinlich auf etwas sehr Wertvolles stoßen – für sie selbst, für ihre Organisation, für ihre Gesellschaft und ihr Land und sicherlich auch für die Welt als Ganzes.

❖

Große und kleine Nachhaltigkeit

Einer der Gründer des Konzepts Nachhaltige Entwicklung ist Herman Daly, ein großer Umweltökonom. Seine Arbeit inspirierte mich zu vielen neuen Ideen und Konzepten – Ideen, die so geläufig und integriert im Nachhaltigkeits-Konzept sind, sodass sie ExpertInnen kaum mehr wahrnehmen. Unter den vielen Beiträgen (inklusive der vier Kategorien, die den Nachhaltigkeitspass bilden), brachte mir Herman Daly das neue Konzept der schwachen und starken Nachhaltigkeit näher. In Wirklichkeit ist „schwache Nachhaltigkeit" wahrscheinlich alles andere als nachhaltig: Sie vertraut darauf, dass natürliche Ressourcen fortlaufend durch menschlichen Einfallsreichtum ersetzt werden, sobald sie knapp werden. Das passiert auch zu einem gewissen Ausmaß, aber die Idee von „schwacher Nachhaltigkeit" berücksichtigt nicht die unabdingbaren Grenzen unseres Planeten. De facto haben wir nur einen Planeten und wir müssen innerhalb dessen Grenzen leben und genau das steckt hinter dem Konzept „starker Nachhaltigkeit" – das Konzept, das ich bevorzuge. (Sowie auch Herr Daly.)[7]

Während ich Dalys Arbeit las, wurde ich auch von der Idee inspiriert, dass es mehr als nur eine Form von Nachhaltigkeit gibt, und dass uns Unterscheidungen dabei helfen können, Ideen klarer zu fassen und genauer darüber zu sprechen und nachzudenken. In diesem Sinne möchte ich jetzt zwei *neue* Konzepte vorstellen: große und kleine Nachhaltigkeit.

„Große Nachhaltigkeit" bezieht sich auf große Herausforderungen, mit denen alle von uns zu kämpfen haben: Klimawandel, Verlust der Artenvielfalt, den Versuch, Milliarden von Menschen zu größerem

---

[7] Hier sind ein paar formale Definitionen, die ich von Herman Daly und anderen übernommen und angepasst habe: „schwache Nachhaltigkeit" auszuüben bedeutet, dass man den Raubbau am Naturkapital akzeptiert, weil man glaubt, dass dieses durch Industriekapital ersetzbar ist. „Starke Nachhaltigkeit" auszuüben bedeutet, dass man der Überzeugung ist, dass das Industriekapital nicht endlos das Naturkapital ersetzen kann, und dass die Bestände des natürlichen Kapitals erhalten und erweitert werden müssen.

materiellen Wohlstand zu verhelfen, und so weiter. Manchmal sprechen wir in diesem Zusammenhang auch von „globaler Nachhaltigkeit".

„Kleine Nachhaltigkeit" drückt sich in den Dingen aus, woran NachhaltigkeitsexpertInnen für gewöhnlich arbeiten – wie zum Beispiel das Wohlbefinden einer speziellen Schule, oder die interne Strategie eines mittelgroßen Unternehmens um dessen Produktionsprozesse zu optimieren, mit dem Ziel negative Umweltauswirkungen zu reduzieren.

Offensichtlich sind diese zwei Konzepte eng miteinander verknüpft: kleine Nachhaltigkeitsthemen sind Themen, die sich aus den Herausforderungen der großen Nachhaltigkeit ergeben, denen wir ausgesetzt sind. In der Praxis ist es aber extrem wichtig zu wissen, an welchen der beiden Konzepte man im Moment gerade arbeitet.

Wenn Sie mit Leuten über Themen sprechen, die sich auf das „N" – Wort beziehen, halten Sie kurz inne und fragen Sie sich selbst: Ist es an diesem Punkt meine Aufgabe, diese Leute zu einem großen

Nachhaltigkeitsprojekt zu motivieren? Soll ich sie nun auf den neuesten Stand der Klimaforschung bringen oder auf den der vom Aussterben bedrohten Arten oder sie über die Verteilung von Arm und Reich in der Welt aufklären? Das ist große Nachhaltigkeit.

Oder sollte ich meine Aufmerksamkeit und mein Vorhaben darauf abzielen, dieser bestimmten Person, oder dieser bestimmten Organisation dabei zu helfen, einen soliden Schritt in die Richtung zu gehen, diese Welt stufenweise zu verbessern? Und ihnen dabei helfen, einen nächsten und besseren Beitrag zu leisten? Das ist kleine Nachhaltigkeit.

Diese Unterscheidungen sind hier nicht so eklatant wie sie am ersten Blick erscheinen. In der Praxis verwechseln sie viele Leute, die im Nachhaltigkeitsbereich arbeiten. Viele von uns arbeiten an vielen kleinen Nachhaltigkeitsthemen... aber versuchen dann, große Nachhaltigkeit in diese rein zu pressen. Wir tendieren dazu, global zu denken, wenn wir eigentlich den Fokus behalten sollten, lokal zu handeln. (Das ist eine Tendenz, mit der ich persönlich auch immer zu kämpfen habe.)

Nachhaltigkeit für jeden bedeutet im Endeffekt beides, groß und klein. Aber wie wir sehen werden, ist kleine Nachhaltigkeit meistens die wichtigere und wirksamere Methode, um damit zu beginnen.

Insbesondere kleine Nachhaltigkeit ist für jeden.

❖

Wie redet man mit _____ über Nachhaltigkeit?

Sie können die Lücke oben selbst füllen. Sie können darin jede Art von Person oder Organisation einsetzen, die Sie wollen. Dennoch wird die Antwort auf diese Frage immer die Gleiche bleiben.

In ihrer eigenen Sprache.

Müssen Sie mit einem Finanzvorstand sprechen? Dann bereiten Sie sich am besten so vor, dass Sie Zahlen und Beispiele, die langfristige Investitionsrenditen und die Vermeidung von Risikofaktoren hervorheben. Glücklicherweise existieren Informationen dieser Art schon zur Genüge und eine Menge an Beratern und NGOs arbeiten tagtäglich daran, immer mehr davon auszuarbeiten.

Und wenn Sie einem/r Lehrer/in gegenüber stehen? Also, es gibt eine Interessensgruppe, die sich „Bildung für eine Nachhaltige Entwicklung" nennt und mit ihr hat sich ein überaus reicher inhaltsbezogener Wortschatz entwickelt. Diese Gruppe folgt einem gut entwickelten pädagogischen Ansatz und ist eine globale Bewegung, die sogar ihre eigene UN-Dekade (Weltdekade Bildung für Nachhaltige Entwicklung, 2005-2014) bekommen hat. (Ich muss gestehen, ich habe das Wort „Pädagogik" nie verwendet, bevor ich mit NachhaltigkeitserzieherInnen gesprochen habe. Und obwohl ich das Wort nicht sonderlich mag, verwende ich es jetzt sehr häufig. Manchmal muss man sich einfach der lokalen Sprache anpassen, um mit den Einheimischen zu sprechen.)

Und wenn Sie eine/n Sicherheitsbeauftragte/n vor sich haben? Wenn es um Nachhaltigkeit geht, geht es um langfristige Sicherheit und viele herkömmliche Sicherheitsthemen – wie Arbeitsunfälle, Entsorgung gefährlicher Abfälle – die auch Nachhaltigkeitsthemen sind. Wenn man diese Verbindung vom Anfang an im Auge behält, hilft es dabei, eine

Brücke zu anderen Themen zu bauen, wie die negativen Auswirkungen auf natürliche Systeme, oder wie die Anfälligkeit gegenüber dem Klimawandel zu verringern sind und vieles mehr. (Dieser Zugang half mir unlängst beträchtlich, als ich ein Bauunternehmen und danach eine Gruppe von Expert/innen im Industrietransportsektor beriet.)

Diese drei Beispiele waren jetzt sehr einfach. Aber kann man auch mit einem Eishockeyspieler über Nachhaltigkeit sprechen? Eishockeyspieler sind zwar harte Kerle, aber niemand bleibt im Spiel, wenn er nicht auf sich aufpasst und langfristig denkt. Eishockey Spielen erfordert viele Passspiele und Abprall Schüsse, was an die Komplexität eines Systems erinnert. Nachhaltigkeit und Eishockey helfen Menschen dabei, zusammen zu arbeiten, Innovationen zu schaffen und neue Wege zu finden, harte Hindernisse zu überwinden und ehrgeizige Ziele zu erreichen. Außerdem ist da noch die eine Sache, das Eis nicht zum Schmelzen zu bringen...

Verstehen Sie was ich meine? Alles was man zu einem bedeutsamen Gespräch über Nachhaltigkeitsthemen und – fragen braucht, ist eine kurze Reflexion über den Bereich, in dem die jeweilige Person arbeitet.

Natürlich setzt dies hier ein bisschen Geschick voraus – und ich meine Geschick, im Sinne von Gesprächskunst. Wenn Sie einem Eishockeyspieler auf einer Party begegnen, dann bitte vermeiden Sie Folgendes: „Ah, Sie sind ein Eishockeyspieler! Haha, lassen Sie uns über die globale Klimaerwärmung und das Schmelzen der Gletscher sprechen..." Wenn Sie nämlich das sagen, dann können Sie sich glücklich schätzen, wenn der Eishockeyspieler einfach nur weggeht anstatt Ihnen Eine zu verpassen.

Aber wenn Sie ein nettes und natürliches Gespräch beginnen, dann könnte sich ein Scherz über die globale Erwärmung und schmelzende Gletscher ganz von alleine ergeben – und das sogar vom Eishockeyspieler selber.

Die Berufssprache der jeweiligen Person zu sprechen ist schon mal ein guter Start, um ein Gespräch zu beginnen und bitte vergessen Sie dies keinesfalls für den weiteren Gesprächsverlauf. Sobald Sie nämlich die Person näher kennen gelernt haben, ist es kein großer Schritt mehr, über wichtige Themen der Menschheit zu sprechen: generelle Sorgen, die die Zukunft betreffen – über die Natur, die Form von Gesellschaft, oder den Zustand unseres Planeten – die Dinge, die unsere Kinder einmal erben werden. Meiner Erfahrung nach hat sogar ein rechtsgerichteter und zugleich der mürrischste Skeptiker der Klimaerwärmung auch hier seine sensiblen Punkte. Erstaunlicher Weise können Sie mit den meisten dieser Menschen sogar große Anknüpfungspunkte und Gemeinsamkeiten hinsichtlich langfristigen und ganzheitlichen Belangen und Systemen finden, die die Essenz von Nachhaltigkeit ausmachen. Sie müssen sich nur umsehen.

(In der Tat zählen solche beruflichen Erfahrungen zu meinen liebsten, solch oben genannte Menschen zu beobachten, die dann halbbesorgt mit einem Aha-Gesichtsausdruck feststellen, dass sie eigentlich schon etwas mit den grün-gesinnten Leuten gemeinsam haben, die sie vorher so verschmäht haben.)

Heutzutage ist es viel einfacher, mit fast jedem über Nachhaltigkeit zu reden, weil so viele *andere* Menschen darüber sprechen. Sogar das Weltwirtschaftsforum[8], das vielleicht einflussreichste Forum der Welt, setzt sich mit Nachhaltigkeitsthemen bei seinen jährlichen Treffen auseinander.[9]

Also lassen Sie sich nicht von der scheinbaren Distanz der gegenüberstehenden Person abhalten, über Nachhaltigkeit zu sprechen. Es gibt immer Wege, um Nachhaltigkeit zum Gesprächsstoff zu machen – und das ist der erste Schritt, Nachhaltigkeit in jedes Berufs- und Alltagsleben zu integrieren.

❖

---

[8] World Economic Forum
[9] Das Weltwirtschaftsforum 2013 richtete seinen Fokus auf Nachhaltigkeit und verwandte Konzepte, wie Resilienz. Mehr dazu finden Sie hier: http://www.weforum.org/issues/sustainability

Wie man *nicht* über Nachhaltigkeit spricht

Manchmal darf man das Wort Nachhaltigkeit gar nicht in den Mund nehmen, um erfolgreich darüber zu sprechen.

Das ist nicht immer einfach: Wenn man für etwas Leidenschaft hat (und die meisten Menschen, die in diesem Bereich arbeiten, haben Leidenschaft dafür), will man darüber reden. Jedoch reagieren manche Leute sensibel auf gewisse Wörter und „Nachhaltigkeit" ist eines von ihnen.

Also was machen Sie, wenn die Person, mit der Sie gerade sprechen ein/e bekannte/r Skeptiker/in, Kritiker/in oder sogar Feind der Nachhaltigkeit ist? (Ja, leider hat Nachhaltigkeit auch Feinde.)

Sie verwenden einfach andere Wörter.

Wenn Sie zum Beispiel über geschäftliche Dinge sprechen, können Sie immer die herkömmlichen Synonyme verwenden, wie „Corporate Social Responsibility" (CSR)[10] oder „Ethical Business"[11]. Sie können Ihre Rede auch mit Phrasen wie „Mehrwert" und „Stakeholder Beziehungen" aufpeppen. Jeder, der in diesem Bereich arbeitet, lernt schnell, das so zu machen.

Aber in schwierigeren Situationen, in denen Menschen eine aktive Feindseligkeit gegenüber Nachhaltigkeit offen legen, müssen Sie eine Entscheidung treffen. Sie können in die Verteidigungsrolle schlüpfen... oder Sie sprechen über Nachhaltigkeit ohne das Wort „Nachhaltigkeit" in den Mund zu nehmen. Hier sind einige Beispiele:

„Wenn wir weiter in diese Richtung gehen, dann sind wir bald sehr

---

[10] CSR wird im Deutschen als unternehmerische Gesellschaftsverantwortung oder Sozialverantwortung übersetzt und bezeichnet den freiwilligen Beitrag der Wirtschaft zu einer Nachhaltigen Entwicklung.

[11] „Ethical Business" umfasst den gesamten Bereich der Wirtschaftsethik und die Anwendung ethischer Prinzipien auf den Bereich wirtschaftlichen Handelns.

ernsten Problemen ausgesetzt. Wir müssen neue und langfristige Möglichkeiten finden. Was würden Sie vorschlagen?"

„Ich habe den Eindruck, dass Ihre Versorgungskette ziemlich sensibel auf Umwelteinflüsse reagiert. Was haben Sie vor, dagegen zu tun?"

„Ich habe einige sehr interessante Studien gelesen, die zeigen, dass Zufriedenheit und Wohlstand direkt mit größerer Produktivität und sogar Profitabilität gekoppelt sind."

Sehen Sie das? Ich habe kein einziges Mal das „N" Wort verwendet.

Aber es gibt auch andere Strategien als die, das Wort Nachhaltigkeit für eine gewisse Zeit einfach nicht mehr in den Mund zu nehmen.

❖

"Nachhaltigkeit zum Mitnehmen"

Lassen Sie uns annehmen, Sie haben die erste Hürde überwunden und sich entschieden, ob Sie das Wort „Nachhaltigkeit" aussprechen oder nicht. Nun sind Sie in einem Gespräch mit jemandem oder sogar mit einer ganzen Gruppe verwickelt.

Worüber sollen Sie sprechen?

Lassen Sie uns weiter davon ausgehen, dass nicht jeder alles über Klimawandel, Energiewende, Leben innerhalb der planetarischen Grenzen, schwindender Artenvielfalt oder Bekämpfung von Armut wissen will. Das ist definitiv eine realistische Annahme, oder?

Und trotzdem, wenn wir für Nachhaltigkeit arbeiten, nehmen wir automatisch immer das Gegenteile an. Wir gehen davon aus, dass jeder alles wissen muss und zwar sofort und deshalb beginnen wir gleich darüber zu sprechen.

Wir machen den „großen Nachhaltigkeits"-Fehler.

Das ist ungefähr so, als würden wir jemanden zum Essen einladen und ihm gleich darauf sagen, dass es ein Bankett mit 27 Gängen geben wird – und viele von diesen Gängen sind dieser Person komplett unbekannt und es sind auch nicht alle leicht verdaulich. Tja, kein Wunder, dass die meisten eingeladenen Leute dann wahrscheinlich nicht kommen werden.

Also lasst uns über eine andere Strategie sprechen, mit der man dieses Problem vermeiden kann. Diese Strategie nennt sich „Nachhaltigkeit zum Mitnehmen".

Ja, ich verwende gern Essensmetaphern. Ich vergleiche auch zum Beispiel köstliche chinesische Nudeln zum Mitnehmen mit einem 27-Gänge Bankett: Die Nudeln sind zweifellos einfacher zu essen. Aber da steckt noch eine andere Bedeutung dahinter: „Nachhaltigkeit zum

Mitnehmen" bedeutet, einen Aspekt aus Nachhaltigkeitsarbeit herauszupicken und ihn außerhalb des nachhaltigen Kontexts zu stellen. (Ich weiß, das fühlt sich falsch an, denn bei Nachhaltigkeit geht es ausschließlich um Zusammenhänge. Also bitte haben Sie ein bisschen Geduld mit mir und folgen Sie mir weiter.)

Nehmen wir das Beispiel Systemdenken. Wenn Sie auf jemanden zugehen wollen, für den ein Nachhaltigkeitsbankett zu viel ist, dann können Sie für diesen Jemanden einfach ein Gericht aus dem mehrgängigen Bankett, wie zum Beispiel Systemdenken, herausnehmen. „Schauen Sie", könnten Sie sagen, „hier ist ein Ansatz zur Problemanalyse, der Ihnen helfen könnte". Zeigen Sie ihm/ihr, wie ein kleines Bisschen Systemdenken dabei helfen kann, ein richtiges Problem zu lösen – egal welches.

Bitte erwähnen Sie an diesem Punkt noch kein Wort über Treibhausgase, Grenzen des Ökosystems oder etwa globaler Gerechtigkeit! Lassen Sie der anderen Person Zeit, sich mit diesem Aspekt von Nachhaltigkeit anzufreunden.

Zeigen Sie der Person den Nutzen dieses Aspektes. Zeigen Sie ihr, dass dieser funktioniert. Machen Sie die Menschen mit Verbindungen vertraut, die sie vorher noch nie gesehen haben. Und früher oder später können Sie sagen: „Wissen Sie, Systemdenken ist der zentrale Ausgangspunkt von dem ganzen Nachhaltigkeitszeug, von dem Sie eventuell schon mal etwas gehört haben."

Oder nehmen Sie Wohlergehen: Es kann sein, dass Sie einer Organisation das Konzept von Wohlergehen (oder Glücklichsein, das hängt immer davon ab, wen Sie ansprechen) als neue Methode, um Fortschritt zu messen, näher bringen wollen. Vielleicht auch nicht nur, um Fortschritte zu messen, sondern auch um die Leistungsfähigkeit zu steigern oder um Talente anzuziehen. Was auch immer das überzeugendste Argument für diese Person und dieses Konzept ist.

Sobald Sie diese Leute von W für Wohlergehen überzeugt haben, können Sie den Rest des Bildes in vereinfachter Form vorstellen: „Sie wissen, Wohlergehen ist nur ein Teil des sehr nützlichen Konzeptes, den Nachhaltigkeitskompass: W steht für Wohlergehen statt Westen. N für Natur, O für Ökonomie, S für Soziales und soziale Angelegenheiten. (Natürlich müssen Sie hier nicht den Kompass verwenden. Wenn Sie eine andere Methode haben, dann nehmen Sie einfach die.)

Oder vielleicht ist es auch ganz schlau, einfach eine Weile bei dem Konzept Wohlergehen zu bleiben (oder bei Systemdenken oder was auch immer Sie als Nebengericht ausgewählt haben). Die Hauptsache ist: weil alles zusammenhängt, werden diese Nebengerichte schließlich das Nachhaltigkeitscredo vermitteln.

Früher oder später wird das Wohlergehen von Arbeitnehmer/innen an Umweltproblemen anknüpfen. Die grundlegende Anwendung von Systemen erfordert immer mehr die Auseinandersetzung mit Ressourcenknappheit. Der Prozess mag langwierig erscheinen, aber Nachhaltigkeit zum Mitnehmen ist eine effektive Strategie, weil die Systemverknüpfungen, die dabei mitwirken, automatisch ihre Kräfte ausüben, ungefähr so wie die Schwerkraft. Physiker beschreiben die Schwerkraft als schwache Kraft (obwohl es ja die ganze Erde dazu braucht, einen am Boden zu halten!), aber im Grunde genommen ist sie genauso unabdingbar wie Nachhaltigkeit. Außerdem ist langsame

Nachhaltigkeit immer noch besser als überhaupt keine Nachhaltigkeit.

Das Ziel dieser Strategie ist es, das Interesse der Leute an diesem „Nebengericht" zu gewinnen. Sobald man das erreicht hat und eine gewisse Beziehung zum Ansprechpartner aufgebaut hat (falls Sie die Person oder Organisation schon kennen, schaffen Sie eine neue Dimension dieser Bekanntschaft), und Sie beweisen, dass dieses Gericht köstlich ist... dann können Sie ein anderes auftischen. Und danach ein weiteres.

Im richtigen Moment können Sie dann sagen: „Wissen Sie, all diese Methoden und Zugänge und Perspektiven über die wir eben gesprochen haben, sind alles wichtige Bestandteile von Nachhaltigkeit."

Aber denken Sie daran: nicht ungeduldig werden und ziehen Sie die Leute nicht auf den Banketttisch, solange sie nicht explizit danach fragen. Servieren Sie Ihnen brauchbare, köstliche „Nachhaltigkeits-Happen" auf ihren Tisch. Und immer locker bleiben: solange die Nebengerichte automatisch mit Besteck, Servietten und der passenden Würze kommen, achten Sie darauf, dass die Auseinandersetzung mit Nachhaltigkeit mit der jeweiligen Person so reibungslos wie möglich verläuft. Bauen Sie Methoden, Fallbeispiele und inspirierende Geschichten ein.

Nachhaltigkeit ist ein Geschmack, den man anderen schmackhaft machen muss. Aber auch ein Geschmack, den sich jeder aneignen kann, wenn man Mitmenschen die Möglichkeit gibt, dies Schritt für Schritt zu machen.

❖

Nachhaltigkeit = Qualität

Vor ungefähr fünfzehn Jahren wagte ich mich, eine mutige Aussage zu machen: „Eines Tages", sagte ich, „wird man unter Nachhaltigkeit so etwas wie Qualität verstehen und die Nachhaltigkeitsbewegung so wie TQM interpretieren. Erinnern Sie sich an „Total Quality Management" [12]? Nein, viele Leute, die das hier lesen, werden sich nicht an die sogenannte „Qualitätsmanagement-Bewegung" erinnern. (Und viele von Ihnen, die das hier lesen, werden diese Phrase wahrscheinlich sogar im Internet suchen müssen.)

Der Grund dafür ist, dass Produktion mit besonderem Bezug auf Qualität vor langer Zeit ein neuartiges Thema war. Aber heutzutage besteht keine missionarische Notwendigkeit einer „Qualitätsbewegung" mehr. Früher war der Anspruch auf hohe Qualitätsstandards in der Produktion, der auf null Defekte abzielte, Ausdruck einer mutigen, neuen Idee. Heute ist dies völlig normal.

„Und genau das wird mit Nachhaltigkeit in der Zukunft passieren.", pflegte ich zu sagen, „Nachhaltigkeit wird zur neuen Normalität."

Nun sind wir in der Zukunft angekommen. Und tatsächlich, genau das hat sich seitdem längst entwickelt.

Während Nachhaltigkeit immer mehr zur Normalität wurde, ist sie einem ähnlichen, gut vorgegebenen Weg gefolgt: in der Entwicklungsarbeit von Think-tanks und Aktivisten entstanden, von Visionären und Marktführern übernommen bis hin zur Integration in strikte Planungsprozesse von Regierungen, großen Unternehmen und Institutionen.

In diesem Sinne ist Nachhaltigkeit *schon fast wie* Qualität.

---

[12] „Total Quality Management" wird im Deutschen auch als umfassendes Qualitätsmanagement bezeichnet.

Also ist es nun an der Zeit, eine noch gewagtere Aussage zu behaupten: Nachhaltigkeit und Qualität werden einmal untrennbar sein. Sie werden zu ein und demselben verschmelzen.

Mit dieser Aussage meine ich nicht, dass Nachhaltigkeit in das hochstrukturierte Konzept „Lean Six Sigma Qualitätsmanagementsystems" aufgenommen wird (auch wenn diese Integration bereits im Gange ist[13]). Ich meine, dass Nachhaltigkeit als ein grundlegendes Kriterium ... nun ja, für alles hinsichtlich der Herstellung eines Produktes bis zur Erbringung einer Dienstleistung herangezogen wird. Natürlich sollen wir qualitativ hochwertige Produkte herstellen und Dienstleistungen gut ausführen. Das ist Qualität. Und Dinge gut zu machen setzt voraus, sie nachhaltig zu gestalten. Also ist – oder zumindest wird es bald so sein – dass Nachhaltigkeit ein wichtiger Bestandteil von Qualität ist.

---

[13] Hier finden Sie einen Artikel vom März 2013, der das Lean Six Sigma Management System und seine wachsende Bedeutung von Nachhaltigkeit beschreibt: http://www.greenbiz.com/blog/2013/03/01/sustainability-close-business-usual

In nicht allzu ferner Zukunft werden Dinge, die nicht nachhaltig sind, als schäbig, geschmacklos, unattraktiv, unqualifiziert, missraten und vor allem als qualitätsfern gelten.

Meine ich wirklich alles von dem oben Genannten? Ja, wirklich alles.

Nehmen wir zum Beispiel Fußball: Jeder kennt Fußball, egal ob es sich um die amerikanische, die australische („footy"), oder um die weltweit bekannte Version („soccer") geht. Und wir wissen alle, was Qualitätsfußball bedeutet. Heutzutage vermittelt kein „Qualitätsspiel" Nachhaltigkeit, oder zumindest nicht viel.

Dabei könnte es so einfach sein. Angefangen mit der Teamuniform, den Reisemöglichkeiten, dem Essen, das im Stadion angeboten wird (und das Stadion selbst) bis zu den sozialen Auswirkungen der Sportart und wie mit den wirtschaftlichen Aspekten davon umgegangen wird, ist es nicht schwer, sich *viel* mehr Möglichkeiten einfallen zu lassen, um diese Dinge nachhaltiger zu gestalten.

In Wirklichkeit ist es kaum zu vermeiden, dass diese Dinge eines Tages viel nachhaltiger gehandhabt werden.

Und sie *nicht* nachhaltig auszuführen wird als schäbig, geschmacklos, unattraktiv, unqualifiziert und missraten angesehen werden. Genauso wie ein Fußballspieler dafür sorgen muss, dass seine Socken hochgezogen sind, bevor er aufs Spielfeld der Meisterschaftsspiele läuft, genauso wird eines Tages das Personal sicherstellen, dass das Gras mit solar betriebenen Maschinen aufbereitet wird, dass das Essen bei Spielen gesund und nachhaltig zubereitet und in kompostierbaren Containern entsorgt wird (oder in anderen technologischen Alternativen, die eine Kreislaufwirtschaft garantieren). Die Spieler werden in CO_2-neutralen Verkehrsmitteln anreisen und die Eigentümer werden die positiven Auswirkungen von Nachhaltigkeit im Reingewinn verzeichnen können. Bald wird alles, das nicht nachhaltig gemacht wird, als rückständig und unzeitgemäß gelten. (Oh, Augenblick mal:

das alles passiert schon in der US National Football League.[14])

Lassen Sie mich das wiederholen – weil das ist wirklich sehr wichtig – Nachhaltigkeit entwickelt sich zu einer Erweiterung dessen, wie wir allgemein über Qualität denken. Dinge, die nicht nachhaltig sind, werden nicht mehr als „gut", „qualitativ-hochwertig" oder „gut gelungen" bezeichnet werden. Diese Realität ist noch nicht angekommen... aber sie wartet gleich hinter der nächsten Ecke.

Eine Möglichkeit, das Konzept „Nachhaltigkeit für jeden" zu praktizieren, ist es, sich in diese Zukunftsposition zu versetzen, wenn Nachhaltigkeit mit Qualität gleichzusetzen ist. Wo immer Sie auch hingehen, schauen Sie sich um. Was sehen Sie, was noch nicht nachhaltig ist... aber was könnte daraus eines Tages werden?

Wen können Sie motivieren, um diese Vision in die Realität umzusetzen?

Wo sehen Sie eine Möglichkeit für Nachhaltigkeit, die nur darauf wartet umgesetzt zu werden?

❖

---

[14] Nachdem ich dieses Kapitel über Fußball schrieb (und nicht davor), suchte ich im Internet nach „Fußball und Nachhaltigkeit". Dabei bin ich auf einen nicht einmal einwöchigen Artikel gestoßen, der beschreibt, wie die NFL in den USA Nachhaltigkeit unterstützt: http://www.guardian.co.uk/sustainable-business/nfl-champion-sustainability

Nachhaltigkeit und Resilienz

Lassen Sie mich kurz ausholen, um folgende Sorge aus dem Weg zu räumen: Nachhaltigkeit befindet sich nicht auf dem Holzweg.

Neuerdings ist es in ein paar Kreisen in Mode gekommen zu sagen, dass Nachhaltigkeit „vorbei" sei und Resilienz[15] gerade dabei ist, ihren Platz einzunehmen. Jedenfalls hat der Autor eines vor kurzem erschienenen erfolgreichen Buches zum Thema Resilienz dies selber behauptet.[16]

Die Sache ist die, dass auch andere, ähnliche Behauptungen zuvor gemacht wurden, nämlich dass Nachhaltigkeit kein passender Begriff ist und dass andere Konzepte Nachhaltigkeit ersetzen würden. Wieder andere behaupteten, dass Nachhaltigkeit einfach zu langweilig, kompliziert und vage zugleich wäre, um brauchbar zu sein. (Wie etwas aber kompliziert und vage gleichzeitig sein kann ist mir ein Rätsel, aber mir ist zu Ohren gekommen, dass Leute beides in einem Atemzug kritisiert haben.)

Diese Art von gelegentlichem und kritischem Gerede geht schon seit Jahren umher. Und Nachhaltigkeit gibt es noch immer.

Andererseits gibt es einige Leute, die das Konzept von Resilienz wissenschaftlich erforschen und die Behauptung unterstützen, dass Resilienz Nachhaltigkeit ersetzen könne – weil es zwei verschiedene Konzepte sind. De facto ist Resilienz ein *Bestandteil* von Nachhaltigkeit.

Resilienz ist eine wunderbare, brauchbare und außerordentlich wichtige Idee. Sie ist für Nachhaltigkeit von großer Bedeutung. Aber solange Dinge Schocks nicht standalten können, sich ändern und sich an ändernde Rahmenbedingungen anpassen können, werden sie nicht.... nachhaltig sein.

---

[15] Resilienz ist die Widerstandsfähigkeit und Toleranz eines Systems gegenüber Störungen bzw. Einflüssen.
[16] Andrew Zolli, „Learning to Bounce Back", New York Times, 2 Nov 2012, http://nytimes.com/2012/11/03/opinion/forget-sustainability-its-about-resilience.html

Immerhin gibt es da noch andere Dimensionen von Nachhaltigkeit, die nichts mit Resilienz zu tun haben. Eine Gemeinschaft kann resilient sein, aber beispielsweise trotzdem von einer Atomkatastrophe zerstört werden. Bitte nehmen Sie Resilienz unter allen Umständen an, sprechen Sie diesen Begriff an, wo immer das Konzept passend erscheint. Wenn Leute lieber über Resilienz reden wollen, dann bitte machen Sie das auf alle Fälle. (Sehen Sie beim Kapitel „Wie man nicht über Nachhaltigkeit redet" weiter oben nach.)

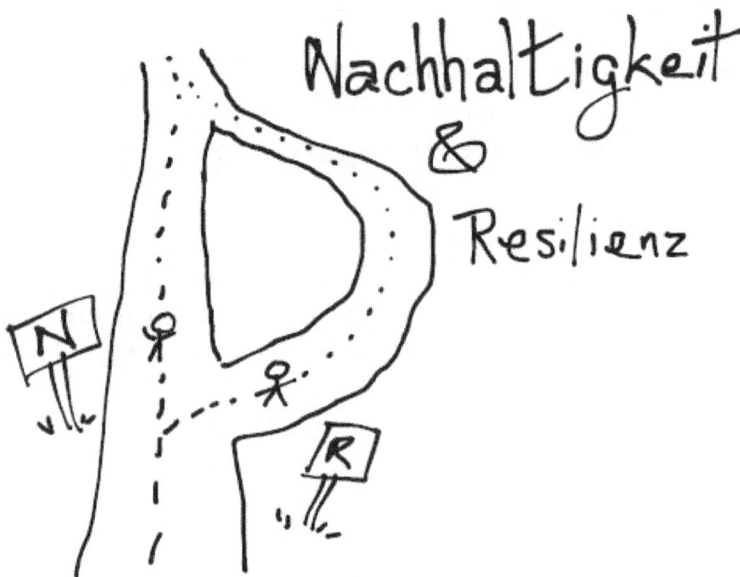

Aber lassen Sie sich nicht täuschen. Das Wort Nachhaltigkeit mag in seiner Popularität und seinem Gebrauch kommen und gehen. Aber das Konzept Nachhaltigkeit wird nicht verschwinden. Wir werden immer mit langfristigen und systemischen Themen der Kontinuität konfrontiert sein – solange bis wir uns zu einer durch und durch nachhaltigen Zivilisation entwickeln, in der Nachhaltigkeit automatisch verankert ist und wir daher nicht mehr länger daran zu denken brauchen.

Ich persönlich freue mich auf diesen Tag, aber noch ist er nicht gekommen.

Die Last des Wissens

Eines der großen Berufsrisiken, das mit der Arbeit im Nachhaltigkeitsbereich einhergeht, ist die Pflicht, immer bestens über den aktuellen weltweiten Stand der Dinge informiert zu sein.

Dieser Teil der Arbeit ist für gewöhnlich nicht sehr spaßig. Oder besser gesagt, er bereitet *meistens* keinen Spaß. Ja, die Auswirkungen des raschen Klimawandels auf die menschliche Zivilisation oder auch das Aussterben von Tier- und Pflanzenarten können gespenstische Faszination auf manche ausüben. Aber das Gefühl, wenn wir einen spannenden Katastrophenfilm über unsere Erde oder einen globalen Krimi anschauen, lässt schnell wieder nach. Denn das ist die Realität und keine Phantasie. Man wird schnell bedrückt und hofft, dass die schlechten Nachrichten nur schnell wieder verschwinden.

Zum Beispiel, als ich dieses Kapitel schrieb, erreichte mich die Nachricht, dass der Durchschnittswert des Kohlendioxidgehalts der Atmosphäre 400 ppm (Teile pro Million) überschritten hat – das ist höher als jemals in der menschlichen Geschichte zuvor. Die globalen Emissionen von Treibhausgasen folgen dem „Worst Case"-Szenario von vorhergehenden Klimabewertungen. Wir könnten in nur ein paar Jahren in einer Welt aufwachen, in der die arktische Meereseisdecke jeden Sommer zunehmend schwindet. Wir sind auf dem Weg, eine sehr heiße Welt zu schaffen.

Ich weiß das... und ich bin nicht glücklich darüber, dass ich das weiß. Dieses Wissen fühlt sich nämlich wie ein großer, überladener Rucksack an, der meine Schultern schwerer macht und meine Schritte verlangsamt.

Wie geht man mit der Last dieser zusätzlichen Informationen über die erbarmungslosen, ernüchternden und lebensbedrohlichen Gefahren um, über die wir Bescheid wissen und wie sollen wir mit den offensichtlich immer schlechteren Aussichten über eine vielversprechende Zukunft, auf die wir alle hoffen, umgehen?

Es gibt nur drei Wege, die ich gefunden habe, mit all dem zurecht zu kommen:

Erstens: Gemeinsam mit Freunden leiden. Ich liebe das Wort „mitleiden" – gemeinsam zu leiden. Geteiltes Leid ist halbes Leid. Und es ist leidvoll zu wissen, dass wir vielleicht bald keine Wildtiger mehr sehen werden, oder dass schon jetzt Millionen an den Auswirkungen vom Klimawandel leiden. Es ist nicht leicht, sich von solchen Emotionen zu befreien, die dieses Wissen auslösen. Deshalb treffen Sie sich mit anderen Leuten und teilen Sie Ihr Leid. Manche machen das bei einem Bier, andere in religiösen oder zeremoniellen Treffen, jeder auf seine eigene Art. Wofür Sie sich auch entscheiden, machen Sie's!

Den Kummer, die Angst, die Verzweiflung rauszulassen wird Ihnen durchaus gut tun. Sich schlecht mit anderen Leuten zu fühlen, wird Ihnen sicherlich dabei helfen, sich wieder besser zu fühlen.

Zweitens: Humor. Sowie ich in meinem Buch „Believing Cassandra"[17] erwähnte, als ich mich erstmals beruflich mit ernsten globalen Problemen, wie globaler Erwärmung befasste, begann ich Lieder mit schwarzem Humor über die Dilemmata unserer Zeit zu schreiben. Dies half mir, den überladenen Rucksack abzugeben und meinen eigenen Sinn in dieser Last zu sehen. Sie müssen jetzt keine Lieder schreiben oder Scherze machen, um Humor seine Wunder wirken zu lassen. Finden Sie jemanden, der gut in solchen Dingen ist und der Sie zum Lachen bringt. Auch das macht man am besten in Gesellschaft: Die Absurdität ist auch auf Gesellschaft angewiesen.

Drittens – und das ist natürlich der wichtigste Punkt – Pflegen Sie die Hoffnung. Wie machen Sie das? Ganz einfach: durch Handeln!

Keines dieser großen Probleme von Nachhaltigkeit, über das wir zu viel wissen, wird sich in Luft auflösen, wenn wir nicht daran arbeiten, es zu

---

[17] Die Neuauflage des Buches von 2010 ist in Englisch beim Verlag Routledge erhältlich.

lösen. Um das positiv auszudrücken, die Probleme werden sich alle lösen, wenn wir uns damit beschäftigen, handeln und auf Dauer hart für große und kleine Dinge arbeiten.

Lassen Sie mich eine meiner aktuellsten Tätigkeiten mit Ihnen teilen, in der ich versuche, Hoffnung zu pflanzen und mein eigenes Bewusstsein über die Last des zu großen Wissens über die zu langen unnachhaltigen Entwicklungen zu erleuchten:

Nachhaltigkeit ist für jeden.

❖

Nachhaltigkeit in die Tat umsetzen

„Ja, aber wie *mache* ich das genau?"

Fast jeder, der mit Nachhaltigkeit arbeitet und versucht, andere Leute davon zu inspirieren, muss diese Frage (oder Fragen dieser Art) sehr oft beantworten.

Egal ob Nachhaltigkeit „groß" oder „klein" ist, das Wort per se klingt meistens abstrakt. Der Grund dafür ist, dass es abstrakt *ist*. Nachhaltigkeit ist ein Konzept, eine Art zu denken, eine Art zu analysieren und zu verstehen.

Also was heißt es nun, Nachhaltigkeit *in die Tat umzusetzen*? Wie kann man diese Frage beantworten?

Das hängt davon ab.

Zu allererst hängt es von der Situation der jeweiligen Person ab, der man die Frage stellt. Für einen Firmenchef führen Reflexionen über Nachhaltigkeit zu gewissen Entscheidungen, die getroffen werden müssen und oft auch zu gewissen Veränderungsprozessen. „Lasst uns unsere Kohlendioxidemissionen von fossilen Brennstoffen reduzieren", zum Beispiel. Oder, „Ich las die aktuellste Management- Literatur, in der es darum ging, wie die Förderung von größerer Zufriedenheit und Wohlergehen die Arbeitsleistung steigert. Und ich glaube, dass wir einige Änderungen vornehmen sollten, wie wir unsere Arbeitnehmer behandeln."

Einem normalen Hauseigentümer mögen diese Themen bekannt vorkommen, aber der Zusammenhang ändert sich. „Was für ein Auto soll ich mir kaufen? Wenn man bedenkt, dass ich meine CO_2 Emissionen reduzieren möchte, soll ich überhaupt ein Auto kaufen?" Oder, „Wie kann ich meine Zufriedenheit in der Arbeit verbessern?"

Im Allgemeinen hängt Nachhaltigkeit in die Tat umzusetzen – genauso wie darüber zu reden – hauptsächlich davon ab, wer es macht und in welcher Situation es passiert.

Ist es zum Beispiel immer eine gute Idee, vegetarisch zu essen? Nein, wenn man ein Inuit Jäger ist, dann sicher nicht. Wie steht es mit weniger Auto fahren? Das wäre für einen Förster, der jeden Morgen weite Strecken zurücklegen muss, wohl eher problematisch.

Es gibt also keine universelle Lösung: Entscheidungen darüber „Nachhaltigkeit in die Tat umzusetzen" sind immer *kontextabhängig*. Es gibt keine universale „Top 10" Liste, die auf jeden zutrifft.

Es gibt nur die Möglichkeit, Fragen zu stellen... und dann müssen Entscheidungen getroffen und Handlungen gesetzt werden, die jeweils von den Antworten der gestellten Fragen abhängig sind.

Im Anschluss finden Sie drei einfache Fragen, die Sie sich selbst oder anderen stellen können. Vielleicht helfen Sie Ihnen dabei, gute Antworten zu dieser verwirrenden, großen Frage, mit der wir dieses Kapitel gestartet haben, zu finden: „Was mache ich genau?"

1. *Welche Entwicklungen sehe ich in meinem Umfeld, die nicht nachhaltig sind?*

Welche Situationen beobachten Sie, die nicht so weitergehen können wie bisher, ohne ernsthafte Probleme für Menschen, Natur oder beides auszulösen? Schauen Sie sich einfach um: Sie werden viele davon sehen.

2. *An welchen dieser Entwicklungen will ich mich beteiligen, um dagegen zu arbeiten?*

Das Wort „wollen" ist hier sehr wichtig. Es gibt *viele* Probleme, die unter die Kategorie „Nachhaltigkeitsprobleme" fallen. Niemand kann alles machen. Aber jeder kann ein bisschen etwas machen, und der beste Weg, um mit seiner eigenen Energie bestmöglich umzugehen, ist sich etwas auszusuchen, wo man eine persönliche Motivation verspürt. Das

Gefühl zu haben, etwas zu „wollen" anstatt zu „müssen", wird Ihnen dabei helfen, etwas kontinuierlich und langfristig zu machen.

3.   *Welche Entscheidungen und Handlungen kann ich treffen, um einen positiven Wandel herbeizuführen?*

Und auch hier ist die wichtige Phrase „kann ich". Jeder kann Entscheidungen über seine eigene Wahl und sein eigenes Verhalten treffen. Jeder kann sein Bestes tun, um „seinen eigenen Weg zu gehen" – um im eigenen persönlichen Leben die Veränderungen, die man sich überall wünscht, vorzuleben.

Aber die meisten von uns können auch Entscheidungen treffen und Handlungen ausführen, die andere Leute beeinflussen oder sogar ganze Organisationen. Wir *können* eine andere Politik, andere Ziele, andere Praktiken wählen, sowie auch andere Wege, um unseren Erfolg zu messen. Die ultimative Frage ist im Endeffekt folgende: Werden wir es tun?

Nachhaltigkeit in die Tat umzusetzen bedeutet, den Sprung von „wollen" nach „werden" zu schaffen. Die einzige Person, die das für Sie tun kann... sind Sie selber.

Gegen "nachhaltigen Konsum"

Für gewöhnlich verteidige ich die Sprache der Nachhaltigkeit gegenüber Kritikern des Konzeptes. Nun aber ist die Zeit gekommen, selbst kritisch zu werden. Es gibt eine Phrase, die wir in unserer Nachhaltigkeitssprache wirklich ändern sollten. Es wird nicht leicht sein, sie zu verändern, weil die Phrase schon in internationalen Abkommen, in Organisationsnamen und in Millionen von Köpfen verankert wurde.

Wir müssen aber aufhören, über „nachhaltigen Konsum" zu sprechen. Wir müssen auch aufhören, über Menschen als „nachhaltige Konsumenten" zu denken.

Das Problem ist das Wort „konsumieren". Es bedeutet nämlich „zu zerstören".

Konsumenten sind Zerstörer. Und wir brauchen keine „Nachhaltigkeitszerstörer". Wir brauchen Leute, die nachhaltige Produkte und Dienstleistungen in einer nachhaltigen Weise nutzen: und zwar mit einer Langzeitperspektive und einem umfassenden Systemansatz im Hinterkopf.

Hier ist ein Vorschlag für Unternehmen: Geben Sie Konsumenten auf und bringen Sie Ihre „Kunden" zurück. Kunden sind nämlich Leute, die die Gewohnheit haben, immer und immer wieder zurück zu Ihnen zu kommen. Die Phrase „nachhaltiger Kunde" ist also fast schon überflüssig! Gute Kunden haben nämlich per definitionem eine nachhaltige und langfristige Beziehung zu einem Unternehmen.

Neue, nachhaltige Geschäftsmodelle zu finden, ist jedoch genauso einfach (und schwierig) wie die Umorientierung vom Modell „Konsument" zurück zum Modell „Kunde".

Und was die Phrase „nachhaltigen Konsum" angeht: bitte vermeiden

Sie diesen Widerspruch in sich! Versuchen Sie stattdessen, „nachhaltiger Gebrauch" zu verwenden.

Verwenden Sie diese Phrase immer und immer wieder. Sowie Sie eventuell ein nachhaltiges Produkt immer wieder verwenden.

Nachhaltiger
~~Konsum~~
Gebrauch

(Wichtig: Um auf einen früheren Rat zurückzukommen, gibt es hier einen Vorbehalt des eben Gesagten. Wenn Sie mit Leuten arbeiten, die die Phrase „nachhaltigen Konsum" bevorzugen, oder sie unbedingt verwenden wollen, wofür auch immer, dann muss man darüber nicht streiten. Auch wenn Sie meine Sicht teilen, bitte nehmen Sie Rücksicht auf die Vorlieben anderer Menschen. Sprechen Sie in deren Sprache... und machen Sie bei der Arbeit, einen positiven Wandel herbeizuführen, weiter.)

Nachhaltigkeit und Optimismus

Vor ein paar Jahren stellte jemand aus dem Publikum bei einem Seminar des bekannten Umweltanalytikers Lester Brown folgende Frage: „Nachdem Sie schon all die Jahre beobachten, dass die globalen Umweltentwicklungen sich stets verschlechtern, wie können Sie nur diesen Optimismus beibehalten?" Lester Brown antwortete prompt: „Ich habe nur ein Wort als Antwort auf diese Frage: Bourbon".

Später nahm ich Browns witzige Bemerkung und änderte die Endung zu einer zwei-Wort- Antwort: Single Malt.

Natürlich scherzte Lester (meistens), aber er sprach auch darüber, Zeichen des Wandels überall um uns zu suchen und wahrzunehmen.

Nun bin ich über den Scherz „Single Malt" hinweggekommen und benutze ihn nicht mehr als Schenkelklopfer. Dafür habe ich ein paar weitere kurze und spritzige Antworten parat, die ernsthafter auf die Frage eingehen, wie man den Sinn für Optimismus behält. Hier sind einige von ihnen:

Kinder. Egal ob Sie Kinder haben (ich habe Kinder), oder Sie einfach Kinder von anderen Leuten kennen oder lieben (ich mache das auch). Kinder können eine wundervolle Quelle für Optimismus sein. Je älter man wird, desto mehr erscheinen einem Kinder als Hoffnungsträger. Sie sind auch wandelnde und sprechende Boten für die Zukunft: Sobald sie in der Zukunft angekommen sind, werden sie enorme Fähigkeiten haben, mit Problemen umzugehen, die weder Sie sich noch ich mir jemals ausmalen können. Mit so viel Zukunftspotential, das herumwandert, und dem eindeutigen Beweis, dass Verstärkung am Weg ist, ist es *nicht* mehr schwierig daran zu glauben, dass die Arbeit für Nachhaltigkeit weiter gehen wird. Und dass die Welt Zeuge eines sich ständig verbessernden und stetig beschleunigenden positiven Wandels sein wird.

Innovation. Schauen Sie sich einfach um! Wir sind überflutet von Innovationen! Wer hätte vor zehn Jahren gedacht, dass Deutschland nun von Solarzellen zur Stromgewinnung bedeckt ist? Wie sind all diese City-Bike und Car-Sharing Systeme so schnell entstanden? Schauen Sie, was mit den Glühbirnen passiert ist, um Himmels willen! Der Wandel passiert tatsächlich schnell und vieles davon ist sehr vielversprechend. Die immer größer werdende Präsenz von Innovation in unserem Leben ist eine große Ermutigung. Wir müssen sie nur immer mehr und mehr in eine nachhaltige Richtung lenken.

Geschichte der Menschheit. Shakespeare gibt Hamlet eine großartige Zeile: „die Pfeil' und Schleudern des wütenden Schicksals". Die Menschheit hat sicherlich ihren gerechten Anteil *davon* über die Jahrhunderte und Jahrtausende erlebt. Die Eiszeiten hätten uns auslöschen können, geschweige denn große Plagen, Kriege und welterschütternde Erdbeben. Aber wir sind noch immer hier. Die Menschheitsgeschichte ist *schon jetzt* eine Geschichte großer Herausforderungen, geprägt von Anpassung, Erfindergeist und Überleben. Manchmal haben wir sogar sehr harte Schicksalsschläge überlebt. Wir haben schon mehrmals immense Herausforderungen überstanden, und wir können es wieder.

Jüngste Geschichte. Diese Antwort ist jetzt eher persönlich: Während der mehr als zwei jahrzehntelanger Beschäftigung mit Nachhaltigkeit, sah ich sehr viele Dinge, die sich zum Besseren entwickelt haben – sehr fundamentale Dinge eingeschlossen. Ich erinnere mich an damals, als niemand, den ich traf, jemals etwas von Nachhaltigkeit gehört hatte. Ich erinnere mich auch daran, als sogar meine eigenen Familienmitglieder sich am Kopf kratzten und mich ständig fragten: „Äh, was machst du nochmals genau?" Jetzt beschäftigen sie sich alle mit Nachhaltigkeit, zumindest persönlich. Nun wissen die meisten Leute, die ich in meinem Berufsleben treffe, was Nachhaltigkeit ist – und die größten Organisationen haben sogar eigene Nachhaltigkeitsbeauftragte. Wir haben schon viel erreicht. Der Optimismus für die Zukunft ergibt sich aus dem Erkennen und der

Erinnerung an den Fortschritt der Vergangenheit.

Musik. Das ist meine liebste „ein-Wort" Antwort auf die Frage nach Optimismus. Musik war immer eine absolut vertrauliche Konstante in meinem Leben, die mich immer mit Trost auffing – in Momenten der Verzweiflung, der Freude, sowie in Momenten des Feierns. Sie ist auch eine Art kreatives Ventil für mich, wenn sich Dinge um mich zerstörerisch anfühlen. Nicht jeder macht Musik oder mag sie. Aber jeder kann „etwas" finden (Hobby, Kunst, Sport, erholende Freizeitbeschäftigungen jeder Art), das ihm oder ihr Freude bereitet – und einem als kontinuierlichen Motor des Beharrens in Zeiten weitertreibt, in denen man eigentlich nicht mehr weiter machen will.

Was immer Sie tun, bitte hören Sie nicht auf damit. Wir brauchen Sie.

Den Optimismus aufrecht zu erhalten ist dafür wichtig, nicht aufzuhören. Jedoch ist Optimismus kein Charakterzug. Optimismus ist eine Wahl, die konstante Arbeit benötigt. Sie müssen Ihre eigene „ein – oder zwei – Wort Antwort" auf die Frage finden, die an Lester Brown (und auch unzählige Male an mich) gerichtet war. Finden Sie sie. Leben Sie sie.

Und erinnern Sie sich daran, dass immer überraschende Unterstützungen gleich um die Ecke auf Sie warten. Darauf können Sie zählen.

❖

Behalte
Deine
Vision
im Auge

Unsichtbare Nachhaltigkeit

Eigentlich sind wir bereits in sehr vielen Aspekten unseres Lebens von Nachhaltigkeit in all ihren Dimensionen umgeben. Oft sehen wir sie nur nicht eindeutig, oder manchmal auch gar nicht, weil sie zu weit weg, zu verborgen oder zu lückenhaft dokumentiert ist. Ich erachte mich als gut informiert, aber ich bin immer wieder aufs Neue übers plötzliche Auftauchen von bislang unsichtbarer Nachhaltigkeit überrascht. Mittlerweise habe ich sogar den Punkt erreicht, an dem ich sagen kann, dass ich es als selbstverständlich hinnehme, dass viel mehr Nachhaltigkeit stattfindet, als ich eigentlich sehen kann.

Zum Beispiel, als mich kürzlich eine Arbeitsreise ins wunderschöne Namibia, nach Südafrika, führte. Dort bot sich mir die Möglichkeit, einen Freund eines Freundes namens Keith kennen zu lernen, der für den World Wide Fund For Nature (WWF) arbeitet. Bei einem Glas südafrikanischem Wein erzählte mir Keith die wunderbare Geschichte, wie Namibia in den späten 1990er Jahren gemeindebasierte Naturschutzräte etablierte. Diese Räte erfreuten sich immer mehr an Popularität und verbreiteten sich so stark, dass mittlerweile einer von acht Namibiern in so einem Naturschutzrat aktiv ist. Infolgedessen hat Namibia nun eine stark *wachsende* Bevölkerung von Löwen, Elefanten, Bergzebras und vielem mehr – gemeinsam mit steigenden Erlösen aus dem Tourismus und folglich auch eine Verbesserung der Lebensqualität der ärmeren Bevölkerung.

Das ist nachhaltige Entwicklung – Bewegung in Richtung Nachhaltigkeit – zu ihrem Besten: umfangreicher, rapider Wandel, der Positives zu allen Punkten des Nachhaltigkeits-Kompasses beiträgt. Die Natur heilt. Die Ökonomie gedeiht. Das soziale Gefüge wird bereichert. Und das Wohlergehen der Menschen bessert sich.

Und diese unglaubliche Geschichte war bis vor ein paar Wochen noch komplett unsichtbar für mich. (Danke, Keith Sproule!)

Vielleicht kannten Sie die Namibia Geschichte schon, vielleicht aber auch nicht. Auf alle Fälle gehe ich jede Wette ein, dass es Tausende solcher Geschichten draußen in der Welt gibt, sogar in Ihrer eigenen Gemeinde, wovon Sie noch nichts wissen.

Nachhaltigkeit ist da ...
wenn man nur weiß, wo
man hinschauen soll

Und davon zu erfahren, wird Sie veranlassen, die besten Geschichten mit anderen zu teilen (genauso wie ich mich veranlasst fühle, Ihnen über Namibia zu erzählen), weil sie Hoffnung schöpfen und weitere Handlungen inspirieren.

Um *Sie* zu inspirieren, weiter nach „unsichtbarer Nachhaltigkeit" zu suchen, gebe ich Ihnen nun eine kleine Aufgabe. Halten Sie Ihre Augen offen und stöbern Sie herum. Finden Sie eine wundervolle Nachhaltigkeitsgeschichte, die Sie noch nicht kannten und über die zu wenige Leute Bescheid wissen.

Dann schreiben Sie die Geschichte hier rein. Machen Sie das Unsichtbare sichtbar.

❖

Einige Dinge auf die man achten sollte

Manchmal toben sich Leute auf einer Party aus und enthüllen Dinge, die sie sonst in einem professionellen Meeting vielleicht nicht sagen würden. Das sind einzigartige Gelegenheiten.

Ich habe versprochen, dass ich über Bedauern und Warnungen in der Nachhaltigkeitsarbeit schreiben würde, und hier sind sie. Aber es gibt nicht viele davon. Im Moment möchte ich mich auf die drei wichtigsten konzentrieren. Zumindest waren diese drei wichtige Lektionen in meinem Leben.

Erstens, bereue ich, als ich damals meine Gitarre mit auf eine Arbeitsreise nahm, aber sie niemals aus meinem Koffer auspackte. Ich schaute dann wahrscheinlich einen schlechten Film im Hotelzimmer, anstatt ein bisschen zu musizieren. Und wie ich es weiter oben erwähnt habe, löst Musik bei mir immer Gefühle psychologischer Entspannung und Beruhigung aus.

Ich schlage jetzt nicht vor, dass Sie sich eine Gitarre kaufen sollen. Für mich geht es bei diesem Bedauern um etwas Symbolisches, das uns alle betrifft. Oft haben wir das, was wir wirklich brauchen mit dabei. Es befindet sich praktisch vor unserer Nase. Und wir würden uns so viel besser fühlen, so viel produktiver sein, wenn wir nur das Wissen, das Werkzeug oder die Einblicke aus unserer Erfahrung nutzen würden, die wir längst gesammelt haben und die uns direkt zur Verfügung stehen. Diese Dinge sind sowie meine Gitarre und ich: zu oft packen wir sie nicht aus.

Zweitens möchte ich Sie warnen. Ein paar Mal in meinem beruflichen Leben passierte es mir, dass ich ein Machtspiel oder eine Sabotage nicht bemerkte, bevor sie mich überrollte. Wenn Sie so etwas überkommt – wenn Sie bereits sehen, dass jemand hinter Ihrem Rücken gegen Sie gearbeitet hat, um Dinge anders zu delegieren, oder Ihre Initiative sabotiert oder Sie als treibende Kraft des Wandels untergräbt

– ist es schon zu spät. Dann sind Sie bereits im Strudel von Aktion und Reaktion gefangen und oft ist es dann zu viel Arbeit, sich auch noch mit der emotionalen Seite des Geschehenen auseinander zu setzen. Meistens geht so etwas nicht gut aus.

Aber es gibt Wege, solche Dinge zu bemerken bevor sie ihr Unheil anrichten. Natürlich lernt man diese erst im Nachhinein, aber man kann die Zeichen auch schon vorausschauend erkennen. Und wenn Sie solche Anzeichen auch nur kurz vorher bemerken, können Sie gleich an Ihren Emotionen arbeiten, sie dann zur Seite stellen, strategisch und mitfühlend denken und einen Weg finden, den Sturm zu verhindern, bevor er zuschlägt. Sie können es zumindest versuchen. (Erfahrungen, wie diese sind einer der Gründe, warum ich so viele Seiten über das Erkennen von Machtverhältnissen in meinem Buch *„The Sustainability Transformation"* geschrieben habe.)

Und drittens, je älter ich werde, desto mehr bereue ich diese Momente, in denen ich mich gezwungen sah – oft aufgrund von Einschränkungen oder vermeintlichen Spielregeln in einem bestimmten Prozess – wundervolle Leute aus einer sehr wichtigen Konversation oder einem Prozess auszuschließen. Bitte verstehen Sie mich in diesem Punkt nicht falsch: oft gibt es bei besonderen Versammlungen Teilnehmerbeschränkungen, weil die Dynamik der Versammlung mit mehr Leuten nicht funktioniert. Selbstverständlicher Weise gibt es auch Momente, in denen man einfach diskret sein und Vertraulichkeit honorieren muss. Aber es gibt auch oft Momente, in denen diese vermeintlichen Grenzen nur Illusionen sind.

Oft muss ich mich an diese eine Lektion erinnern, die ich während meines ersten gemeinschaftlichen Nachhaltigkeitsprojektes, „Nachhaltiges Seattle", machte: Zusammenführung lässt Kreativität entstehen. Während dieses zukunftweisenden Prozesses vor mehr als 20 Jahren kamen zum Beispiel die besten Ideen für neue Indikatoren von den jüngeren Teilnehmern, die keine höhere Position als

„StudentInnen" hatten.[18]

Deshalb hier meine Botschaft an Sie:

Packen Sie Ihre Gitarre (oder was auch immer das Äquivalent für Sie sein mag) aus Ihrem Koffer aus und spielen Sie.

Seien Sie nicht so naiv zu glauben, dass es keine Leute gibt, die tatsächlich versuchen werden, Ihre Pläne durcheinander zu bringen. Seien Sie vorsichtig ohne paranoid zu sein.

Trotz alledem, was ich gerade eben darüber sagte, dass einige Leute nicht vertrauenswürdig sind, seien Sie offen zu Menschen, so offen wie es Ihnen möglich ist. Lassen Sie Menschen teilnehmen. Lassen Sie sie etwas schaffen und aufbauen, beitragen und mitarbeiten.

Nachhaltigkeit ist für jeden.

❖

---

[18] „Nachhaltiges Seattle" war eine freiwillige Initiative, die ich im Jahr 1991 mit Freunden mitfinanzierte. Gemeinsam schufen wir die weltweit ersten Nachhaltigkeitsindikatoren für eine Stadt, wobei wir eine hohe Stakeholderbeteiligung in den Prozess mit einbezogen. Nachhaltiges Seattle wurde oft als „Best Practice Beispiel" von den Vereinten Nationen zitiert und kopiert und von vielen anderen Initiativen weltweit als Referenzpunkt angegeben. Wenn ich daran denke, wie einige Mittelschüler einen substanziellen Beitrag zu unserem Prozess geleistet haben, macht mich das noch immer glücklich.

Spiel Gitarre*

* Ersetze die Gitarre mit was auch immer Dir gut tut.

Die Zukunft von Nachhaltigkeitsarbeit

Eines Tages werden wir aufhören können, an Nachhaltigkeit zu arbeiten, weil Nachhaltigkeit vollkommen und automatisch in fast alle Aspekte unserer Ökonomie, Gesellschaft, Technologien und unseres persönlichen Alltags integriert sein wird.

Aber das „wir" bezieht sich hier auf Menschen im Allgemeinen. Vermutlich bezieht es sich hier nicht auf uns, jetzt und hier.

Ich arbeitete schon seit mehr als 20 Jahren als Berater für Nachhaltigkeit. Ich nehme stark an, dass ich diese Beratungstätigkeit im Nachhaltigkeitsbereich noch für mindestens weitere 20 Jahre fortsetzen werde... und voraussichtlich sogar bis zu meinem letzten Atemzug. Zu „beraten" bedeutet im Lateinischen, jemandem einen Vorschlag zu machen, mit anderen über ein Problem zu sprechen; zu diskutieren, zu reden.

Um einen Blick auf die Zukunft zu werfen: wir werden sicherlich weiterhin über Nachhaltigkeitsthemen für die nächsten paar Jahrzehnte sprechen müssen – unabhängig davon, ob wir das Wort benutzen oder nicht. Die problematische Seite ist, dass wir uns an den Klimawandel und die Ressourcenknappheit anpassen werden müssen sowie an die stetige Herausforderung, das ökologische Gleichgewicht unseres Planeten zu erhalten. Wir stehen vor einem massiven demographischen Wandel, über den wir in den nächsten Jahrzehnten verhandeln werden müssen, während die reiche Welt alt und die junge Welt reicher wird. Dann besteht da noch die allgegenwärtige Bedrohung, dass Konflikte in Krieg eskalieren könnten, was immer mehr Wachsamkeit, Diplomatie und präventives Handeln in einer Welt mit stetig wachsender Bevölkerung erfordern wird. Dazu gibt es dieses ewige Rätsel darüber, was die Leute wirklich glücklich und zufrieden in ihrem Leben macht und wie man ihnen das bieten kann ohne diesen wunderbaren Ball des Lebens zu zerstören.

Auf der Lösungsseite gibt es andererseits so viele Innovationen, die verbreitet werden müssen, so viele großartige Pilotprojekte, die vergrößert werden sollten, so viele Industrien, die auf der Suche nach Veränderung sind und so viele „unsichtbare Nachhaltigkeitsgeschichten" und Beispiele, die nur darauf warten entdeckt – oder umgesetzt – und über den ganzen Erdball verbreitet zu werden.

Es gibt aber noch genug verbleibende Arbeit, die von uns erledigt werden muss – uns, die sich dafür entscheiden, Nachhaltigkeit zu einem Teil unseres Lebenswerkes zu machen, und uns auf lange Zeit beschäftigt halten wird.

Und was noch wichtiger ist, es gibt so viel Arbeit, die uns, die sich als „Experten" bezeichnen, niemals darauf hoffen lässt, dass nur wir sie erledigen könnten. Wir müssen andere überzeugen, uns zu helfen. *Viele andere.* In jedem Beruf und in allen Lebensbereichen.

Ja, wir werden definitiv mehr NachhaltigkeitsexpertInnen benötigen. Aber wir werden noch viel mehr „Nachhaltigkeitsamateure" brauchen, Leute die daran arbeiten, das Bewusstsein anderer und deren Handlungen zu unterstützen, egal in welcher Position sie arbeiten, einfach nur deshalb, weil es ihnen wichtig ist.

Wird professionelle Nachhaltigkeitsarbeit in der Zukunft anders sein als jetzt? Natürlich wird sie das. Wenn ich 25 Jahre zurückblicke (ich fing 1988 an in diesem Bereich zu arbeiten), bin ich erstaunt, wie stark sich die Dinge verändert haben. Konzepte, wie die Verbindung von Nachhaltigkeit und „Change Agentry" hat es damals noch nicht gegeben. (Ich hatte Glück, bei der Etablierung des Konzeptes ein „Change Agent für Nachhaltigkeit" zu sein, direkt mitzuwirken.) „Die Bildung für Nachhaltige Entwicklung" nannte sich damals noch „Umweltbildung". Von Unternehmensberichten war noch nicht einmal die Rede. Es gab in der Tat auch noch keine Standards, Richtlinien, die für alle zugänglich waren. „Planetarische Grenzen" waren auch noch nicht klar definiert. Es gab auch keine Hochschulprogramme, Ausbildungsnachweise oder Master-Studiengänge für Nachhaltigkeit.

Heutzutage haben wir Hunderte oder sogar Tausende von diesen Werkzeugen, Konzepten und Programmen. Und viel mehr solcher nützlichen Einrichtungen und Konzepte werden jährlich entwickelt. Genauso werden Tausende junger NachhaltigkeitsexpertInnen für den Prozess geschult und ausgebildet, um einen positiven und tiefgreifenden Wandel zu beschleunigen.

Diese Tatsachen schaffen Voraussetzungen für einen neuen Weg, Nachhaltigkeit in die Tat umzusetzen. Für die vorhersehbare Zukunft – obwohl die Zukunft natürlich meistens nicht vorhersehbar ist – glaube ich, dass Nachhaltigkeitsarbeit vor allem aus folgendem bestehen wird: Korrekturen nach oben zu schaffen, verbreiten, vertiefen, erweitern, motivieren, miteinbeziehen und in allgemeine Abläufe integrieren.

Ja, die technische Seite von Nachhaltigkeit wird sich kontinuierlich weiter entwickeln. Wir werden jede neue gute Methode und jeden Trick brauchen, die wir weiter entwickeln können. Aber die eigentliche Herausforderung wird sein, Nachhaltigkeit mehr und mehr Menschen nahe zu bringen und sie in den Prozess der Visionsarbeit, des Planens und der Umsetzungsprozesse für den Wandel miteinzubeziehen.

Um einen Schritt weiter zu gehen, die wirkliche Herausforderung ist es, Nachhaltigkeit weniger speziell und weniger anders zu machen. Sondern normaler und natürlicher. Das Konzept Nachhaltigkeit sogar so weit zu bringen, um Partys darüber zu organisieren! Das alles passiert bereits, aber wir müssen es schneller machen, so schnell wie nur möglich. Aus diesem Grund habe ich dieses neue Motto für meine Arbeit entworfen, teile es mit Ihnen und fordere Sie nun auf, mit mir darüber nachzudenken.

Also bitte, kontaktieren Sie mich und diskutieren Sie mit mir über dieses Motto – darüber, was es bedeutet und was es uns nahelegt zu tun, um den Wandel, den wir alle brauchen, schneller voranzutreiben.

Nachhaltigkeit ist für jeden.

❖

Wollen Sie das Gespräch fortsetzen?

Dann folgen Sie der Debatte auf dieser Webseite/Blog:

http://sforeveryone.wordpress.com

Über den Autor

Alan AtKisson studierte Philosophie, Naturwissenschaften und Geisteswissenschaften an der Universität Tulane in New Orleans, USA, und an der Universität Oxford, UK. Als er die Universität im Jahr 1981 verließ, wurde er für das Henry Luce Praktikum auserwählt und nach Malaysia geschickt, um dort ein Jahr als Therapeut für Heroinabhängige zu arbeiten (damals war er 21 Jahre alt). Als er in die USA zurückkam, arbeitete er als Musiker und Songwriter in New York City, half dabei ein Frauendesignunternehmen auf die Beine zu stellen und arbeitete als Administrator für eine internationale Friedensorganisation, bevor er im Jahr 1988 sein eigenes Magazin gründete.

Nach der ersten Ausgabe übersiedelte er nach Seattle, USA, und wurde als Redaktionsleiter des Magazins „In Context" eingestellt, eine wegweisende Zeitschrift, die von Robert und Diane Gilman gegründet wurde. In dieser Position (und später als Chefredakteur des Magazins), freundete sich Alan mit vielen anderen frühen Pionieren im Nachhaltigkeitsbereich an, wie Donella Meadows, Hauptautorin des Klassikers „Die Grenzen des Wachstums" von 1972. Im Jahr 1992 lud ihn Donella zur Teilnahme an der "Balaton Gruppe" ein, einem internationalen Netzwerk von Nachhaltigkeitsdenkern und –Praktikern. Im gleichen Jahr begann er als Nachhaltigkeitsberater zu arbeiten und Vorträge auf nationalen und internationalen Konferenzen zu halten. Außerdem begann er eine Change Agentry für die Förderung von Nachhaltigkeit zu entwickeln, basierend auf seiner Freiwilligenarbeit mit der bahnbrechenden Initiative „Sustainable Seattle" („Nachhaltiges Seattle").

Über 20 Jahre danach schuf er ein internationales Netzwerk von kleinen Nachhaltigkeitsunternehmen (AtKisson Group, Center for Sustainability Transformation und andere); veröffentlichte einige Bücher (wie „Believing Cassandra" und „The Sustainability Transformation"); bekleidete einige andere Führungspositionen (wie Präsident der Balaton Gruppe und Geschäftsführer der Earth Charter Initiative). Im Jahr 2013 wurde Alan AtKisson von der International Society of Sustainability Professionals in die Sustainability Hall of Fame TM gewählt.

Für weitere Informationen

www.AtKisson.com

Die Internetseite des globalen AtKisson Group Netzwerkes
Beratung, Forschung und Kommunikationsdienstleistungen

http://SustainabilityTransformation.com

Unser internationales professionelles Entwicklungsprogramm
Master-Kurse, Fort- und Weiterbildungsworkshops, interne Ausbildungsprogramme

www.AlanAtKisson.com

Alan AtKissons persönliche Website/ Blog *„Words and Music"*

http://Pyramid2030.org

Eine internationale, ehrenamtliche Kampagne „Pyramid 2030", um Menschen mit verschiedensten Hintergründen in den Erstellungsprozess von Nachhaltigen Entwicklungszielen (Sustainable Development Goals) einzubeziehen.

http://sforeveryone.wordpress.com

Die Webseite für den Dialog rund um das Buch

Nachwort

Jeder Beitrag zählt.

Die Verknüpfung von ökologischen Anliegen mit sozialen und gesellschaftlichen Herausforderungen ist die wohl wichtigste globale Gestaltungsaufgabe. „Think globally, act locally", das Mantra der 1992 in Rio verabschiedeten Agenda 21 ist heute mehr denn je einzufordern: Nachhaltige Entwicklung als Leitbild ohne zukunftsfähige Alternative lebt von Taten, vom Engagement auf allen politischen Ebenen ebenso, wie vom individuellen alltäglichen Handeln.

Für mich heißt Nachhaltigkeit – in Anlehnung an Brundtland –, Bedürfnisse so auszuleben, dass negative Auswirkungen auf die „Planetary Boundaries" der Ökosphäre möglichst gering sind, ernten, was nachwächst, Chancen so nützen, dass Möglichkeiten anderer dadurch weder systematisch noch irreversibel behindert werden, Vielfalt schätzen, schützen und nützen. Und angesichts immer größerer Knappheiten bzw. Diskrepanzen zwischen Soll und Ist: Dagegenhalten! Jammern, wenn manches bzw. vieles den Bach runtergeht, ist keine Alternative. Denn die globalen Konsequenzen des Wegschauens tragen wir alle gemeinsam, ohne Ausnahme.

Um die notwendigen Schritte zu gehen, muss Nachhaltigkeit aber verstanden werden. Alan AtKisson zeigt in seinem Buch und mit seiner Arbeit, wie wesentlich es ist, die Komplexität des Nachhaltigkeitsbegriffs auf eine sprachlich einfache und praxisorientierte Ebene herunterzubrechen. Mit seinen Vergleichen und seinen Beispielen gibt AtKisson den LeserInnen die Möglichkeit, individuelle Anknüpfungspunkte zu finden, und Nachhaltigkeit in der eigenen Lebenswelt umzusetzen. Er erzeugt Lust auf aktives Handeln und vermittelt auf ebenso einfache wie einleuchtende Weise Handlungskompetenz.

Mit seinen Lösungsvorschlägen bereitet er – wie er selbst schreibt - „Nachhaltigkeit zum Mitnehmen" auf. Er vermittelt Zuversicht und Mut, weil er schafft, das Thema trotz der gebotenen Ernsthaftigkeit in der Nachhaltigkeitsdebatte und der in vielfacher Hinsicht krisenhaften Entwicklung – ohne es zu trivialisieren – in einfache Zusammenhänge zu bringen.

Wir brauchen zur Erreichung der Zukunftsvision von AtKisson, in der Nachhaltigkeit zur neuen Normalität werden soll, Augenöffner wie meinen Freund Alan und genau solche Sprachrohre wie dieses Buch. Um dieses auch im deutschsprachigen Raum zu verbreiten, hat das Bundesministerium für Land- und Forstwirtschaft, Umwelt und Wasserwirtschaft/Abteilung I/3 (Nachhaltigkeit) die Übersetzung dieses Buches ins Deutsche und den Druck etlicher Exemplare zur Verteilung unterstützt. Denn auch in Österreich ist die Gruppe derer, die das Thema Nachhaltigkeit in seiner gesamten Bandbreite noch überfordert, sehr groß. Auch bei uns sollen Menschen angeleitet werden, ihre Möglichkeiten und Gestaltungsspielräume zu erkennen und mit ihren eigenen kleinen Schritten wichtige Beiträge zum großen gesellschaftlichen Paradigmenwechsel beizutragen. Wir fördern diesen Weg auch über unsere nationalen Aktionstage Nachhaltigkeit (www.nachhaltigesoesterreich.at) sowie nunmehr auch mit den Europäischen Aktionstagen Nachhaltigkeit über das Europäische Nachhaltigkeitsnetzwerk ESDN (www.esdw.eu).

Von der amerikanischen Anthropologin Margaret Mead stammt das Zitat: „Never doubt that a small group of people can change the world. Indeed that is the only way the world has ever been changed!". Ich glaube, mit jeder Aktion und mit jedem noch so kleinen Beitrag wird die Gruppe derer, die sich für Nachhaltigkeit engagieren und aktiv mittun immer größer. Damit zieht auch die Nachhaltigkeitsbewegung immer größere Kreise und gewinnt an Kraft. Wir alle, die dabei mittun, sichern letztlich für uns und für unsere nachkommenden Generationen nicht nur unsere Lebensqualität, sondern unser Überleben selbst. In diesem Sinne bin ich uneingeschränkt weiterhin optimistisch – und zähle auf die vielen engagierten Menschen, die dieses Buch im Herzen berührt und zum Handeln bringt.

Dr. Wolfram Tertschnig

Ko-Vorsitzender des Europäischen NachhaltigkeitskoordinatorInnennetzwerks ESDN

www.ingramcontent.com/pod-product-compliance
Lightning Source LLC
Chambersburg PA
CBHW070946210326
41520CB00021B/7084